Impressum

Verlag: BABADADA GmbH, Nedderfeld 112 , 22529 Hamburg

Geschäftsführer / Verlagsleitung: Harald Hof

Druck: Books on Demand GmbH, In de Tarpen 42, 22848 Norderstedt

Imprint

Publisher: BABADADA GmbH, Nedderfeld 112 , 22529 Hamburg, Germany

Managing Director / Publishing direction: Harald Hof

Print: Books on Demand GmbH, In de Tarpen 42, 22848 Norderstedt, Germany

المدرسة

училище

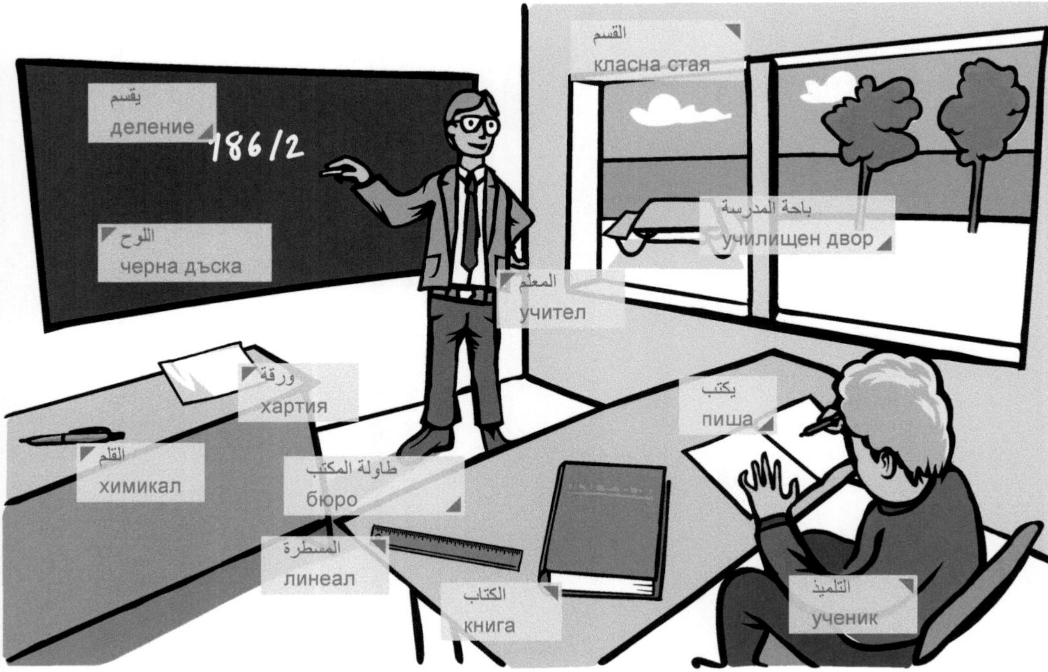
القسم
класна стая
يقسم
деление
186/2
اللوح
черна дъска
المعلّم
учител
باحة المدرسة
училищен двор
ورقة
хартия
يكتب
пиша
القلم
химикал
طاولة المكتب
бюро
المسطرة
линеал
الكتاب
книга
التلميذ
ученик

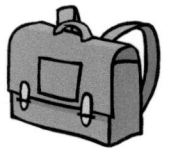

الحقيبة المدرسية

ученическа раница

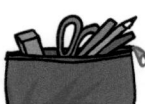

المقلمة

ученически несесер

قلم الرصاص

молив

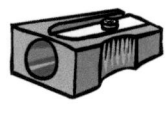

البرّاية

острилка за моливи

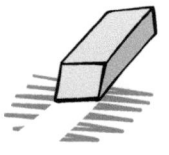

المِمحاة

гума

دفتر الرسم

блок за рисуване

الرسمة

рисунка

الفرشاة

четка

علبة التلوين

акварелни бои

المقص

ножица

المادة اللاصقة

лепило

دفتر التمارين

тетрадка за упражнения

الواجب المدرسي

домашна работа

الرقم

число

يجمع

събиране

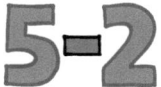

يطرح

изваждане

يضرب

умножение

يحسب

смятане

الحرف

буква

الأبجدية

азбука

كلمة

дума

النص

текст

يقرأ

чета

الطبشور

тебешир

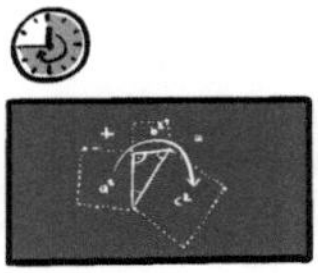

الحصة

час

دفتر الدوام المدرسي

дневник на класа

الامتحان

изпит

شهادة

свидетелство

اللباس المدرسي

ученическа униформа

التعليم

образование

الموسوعة

справочник

الجامعة

университет

المِجهر

микроскоп

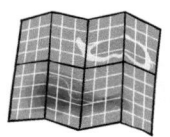

الخريطة

карта

قماما

кошче за хартиени отпадъци

سفر

пътуване

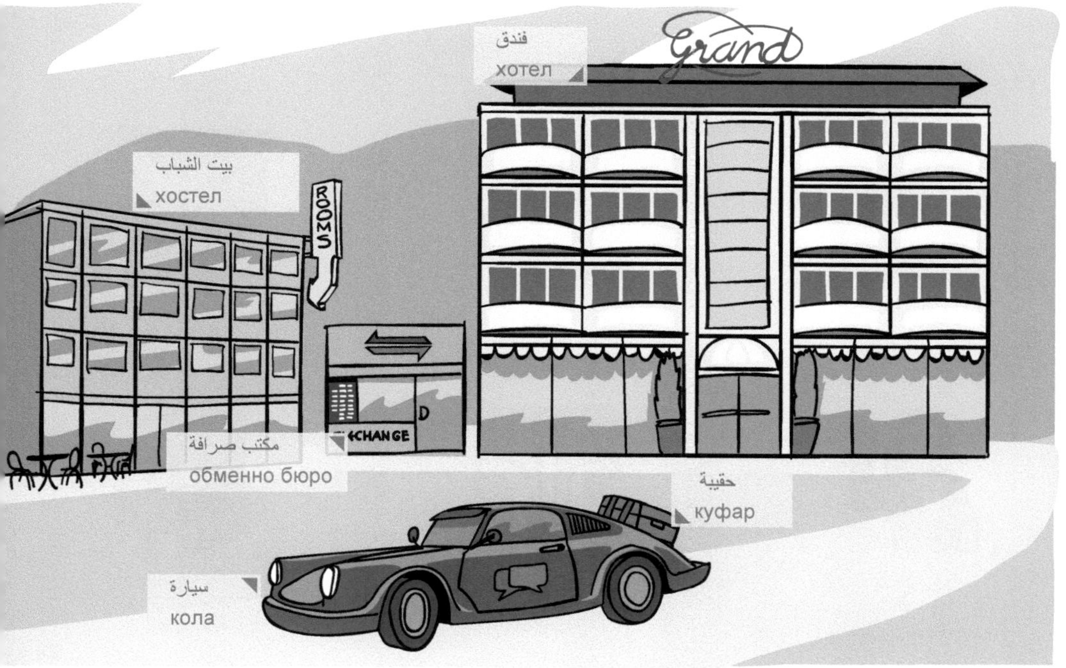
Grand
فندق
хотел
بيت الشباب
хостел
ROOMS
مكتب صرافة
обменно бюро
حقيبة
куфар
سيارة
кола

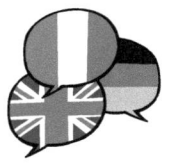

اللغة

език

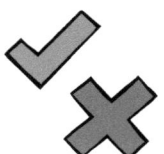

نعم / لا

да / не

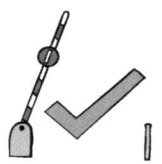

حسناً

Окей

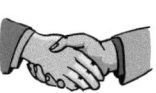

مرحباً

здравей

مترجم

преводач

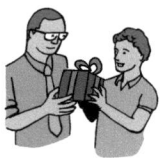

شكراً

Благодаря

كم ثمن ... ؟

Колко струва…?

لا أفهم

Не разбирам

مشكلة

проблем

مساء الخير

Добър вечер!

صباح الخير!

Добро утро!

ليلة سعيدة

Лека нощ!

إلى اللقاء

довиждане

اتجاه

посока

أمتعة السفر

багаж

حقيبة

пътна чанта

حقيبة ظهر

раница

ضيف

посетител

غرفة

стая

كيس للنوم

спален чувал

خيمة

палатка

استعلامات سياحية

туристическа информация

شاطئ

плаж

بطاقة ائتمان

кредитна карта

إفطار

закуска

طعام الغداء

обед

العشاء

вечеря

بطاقة سفر

билет

مصعد

асансьор

طابع بريدي

пощенска марка

حدود

граница

الجمارك

митница

سفارة

посолство

تأشيرة

виза

جواز سفر

паспорт

نقل

транспорт

طائرة
самолет
سفينة
кораб
سيارة إطفاء
пожарна кола
حافلة
автобус
سيارة شاحنة
товарен автомобил
زورق آلي
моторна лодка
درّاجة
велосипед
سيارة
кола

عبارة

фериботът

قارب

лодка

دراجة نارية

мотоциклет

سيارة شرطة

полицейска кола

سيارة سباق

състезателна кола

سيارة مستأجرة

кола под наем

أسلوب تشاركي في استئجار السيارات

....

каршеринг

سيارة للجر

....

автомобил от "Пътна помощ"

سيارة نقل القمامة

....

сметовоз

محرك

....

двигател

وقود

....

бензин

محطة وقود

....

бензиностанция

إشارة مرور

....

пътен знак

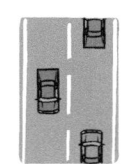

حركة السير

....

улично движение

ازدحام سير

....

задръстване

موقف سيارات

....

паркинг

محطة قطار

....

гара

سكك حديدية

....

релси

قطار

....

влак

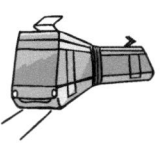

ترام

....

трамвай

عربة قطار

....

вагон

طائرة مروحية

хеликоптер

مطار

аерогара

برج

кула

مسافر

пасажер

حاوية

контейнер

علبة كرتون

кашон

عربة يد

ръчна количка

سلة

кошница

يقلع / يهبط

излитам / приземявам се

مدينة

град

قرية

село

مركز المدينة

градски център

بيت

къща

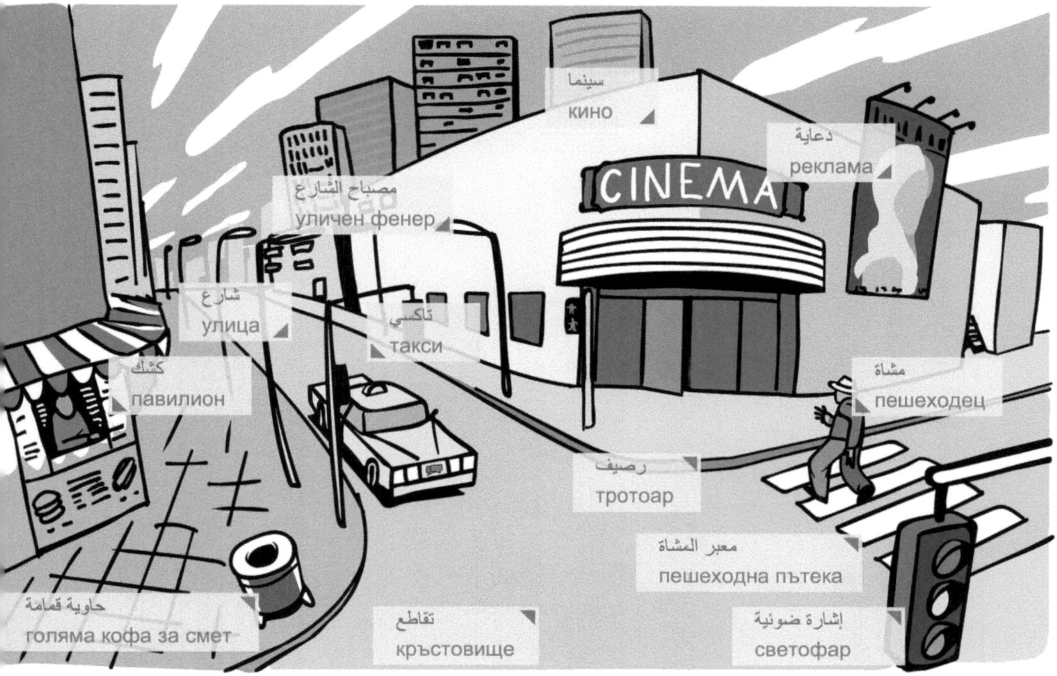
سينما
кино
دعاية
реклама
مصباح الشارع
уличен фенер
CINEMA
شارع
улица
تاكسي
такси
كشك
павилион
مشاة
пешеходец
رصيف
тротоар
معبر المشاة
пешеходна пътека
حاوية قمامة
голяма кофа за смет
تقاطع
кръстовище
إشارة ضوئية
светофар

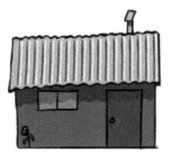

كوخ
хижа

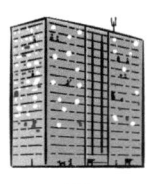

شقة
жилище

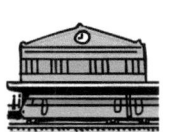

محطة قطار
гара

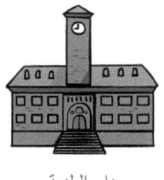

دار البلدية
кметство

MUSEUM

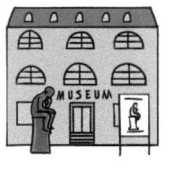

متحف
музей

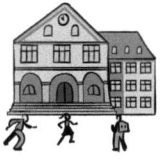

المدرسة
училище

الجامعة

университет

مصرف

банка

المستشفى

болница

فندق

хотел

صيدلية

аптека

مكتب

офис

مكتبة

книжарница

متجر

магазин за цветя

محل لبيع الزهور

магазин за цветя

سوبرماركت

супермаркет

سوق

пазар

متجر كبير

универсален магазин

تاجر السمك

търговец на риба

مركز تسوّق

търговски център

ميناء

пристанище

حديقة عامة

парк

مقعد

пейка

جسر

мост

درج، سلم

стълба

مترو

метро

نفق

тунел

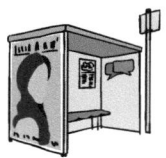

موقف حافلات

автобусна спирка

بار

бар

مطعم

ресторант

صندوق البريد

пощенска кутия

لافتة باسم الشارع

улична табелка

مقياس زمن الوقوف

часовник за паркинг престой

حديقة حيوانات

зоологическа градина

مسبح

плувен басейн

مسجد

джамия

مزرعة

селски двор

تلوث البيئة

замърсяване на околната среда

مقبرة

гробище

كنيسة

църква

ملعب الأطفال

детска площадка

معبد

храм

طبيعة ريفية

пейзаж

ورقة
листо

علامة إرشاد
пътепоказател

طريق
път

مرج
ливада

حجر
камък

شجرة
дърво

رحالة
пътешественик

نهر
река

عشب
трева

زهرة
цвете

وادٍ

....

долина

جبل

....

планина

بحيرة

....

море

غابة

....

гора

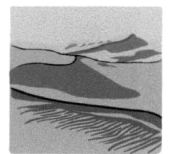

صحراء

....

пустиня

بركان

....

вулкан

قلعة

....

замък

قوس قزح

....

дъга

فِطر

....

гъба

نخلة

....

палма

بعوض

....

комар

ذبّابة

....

муха

نملة

....

мравка

نحلة

....

пчела

عنكبوت

....

паяк

خنفساء

бръмбар

ضفدعة

жаба

سنجاب

катеричка

قنفذ

таралеж

أرنب

заек

بومة

кукумявка

عصفور

птица

بجعة

лебед

خنزير برّي

диво прасе

غزال

елен

إلكة

лос

سد

бент

دولاب الطاحونة الهوائية

вятърна турбина

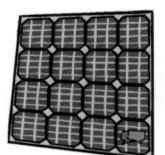

خلية شمسية

соларен модул

مناخ

климат

مطعم

ресторант

نادل
келнер
لائحة الطعام
меню
كرسي
стол
حساء
супа
بيتزا
пица
غطاء المائدة
покривка за маса
أدوات المائدة
прибори за хранене

مقبلات

предястие

الصحن الرئيسي

основно ястие

حلوى أو فاكهة بعد الطعام

десерт

مشروبات

напитки

طعام

ядене

زجاجة

бутилка

وجبات سريعة

бързо хранене

طعام الشارع

улична храна

إبريق الشاي

кана за чай

علبة السكر

кутия за захар

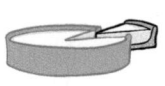

حصّة

порция

آلة الإسبريسو

еспресо машина

كرسي عالٍ

висок детски стол

فاتورة

сметка

صينية

табла

سكين

ножица за нокти

شوكة

вилица

ملعقة

лъжица

ملعقة الشاي

чаена лъжичка

منديل المائدة

салфетка

كأس

стъклена чаша

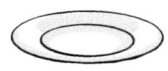

صحن

чиния

صحن الحساء

чиния за супа

صحن الفنجان

чинийка

صلصة

сос

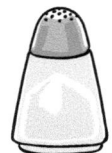

مملحة

солница

مطحنة الفلفل

мелничка за черен пипер

خلّ

оцет

زيت الطعام

олио

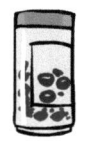

توابل

подправки

كتشاب

кетчуп

خردل

горчица

مايونيز

майонеза

سوبرماركت

супермаркет

عرض خاص
оферта
FOR
زبون
клиент
مشتقات الحليب
млечни продукти
فواكه
плодове
عربة تسوّق
количка за покупки

جزّار

кланица

مخبز

хлебарница

يزن

тегля

خضار

зеленчуци

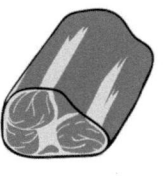

لحم

месо

المأكولات المجمّدة

дълбоко замразена храна

مرتدلا أو جبن
....
нарязан колбас или сирене

معلّبات
....
консерви

مسحوق الغسيل
....
перилен препарат

حلويات
....
лакомства

المواد المنزلية
....
домакински изделия

منظّفات
....
почистващи препарати

بائعة
....
продавачка

صندوق الحساب
....
каса

أمين صندوق
....
касиер

قائمة المشتريات
....
списък на покупките

أوقات العمل
....
работно време

محفظة النقود
....
портфейл

بطاقة ائتمان
....
кредитна карта

حقيبة
....
чанта

كيس بلاستيكي
....
пластмасова торба

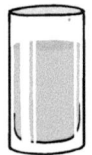

مشروبات
напитки

ماء

вода

عصير

сок

حليب

мляко

كولا

кола

نبيذ

вино

بيرة

бира

كحول

алкохол

كاكاو

какао

شاي

чай

قهوة

кафе машина

قهوة إسبريسو

еспресо

كابوتشينو

капучино

طعام

ядене

موزة

банан

تفاح

ябълка

برتقال

портокал

بطيخ

пъпеш

ليمون

лимон

جزرة

морков

ثوم

чесън

خيزران

бамбук

بصل

лук

فِطر

гъба

لوزيات

ядки

شعيرية

макарони

سباغيتي

спагети

أرزّ

ориз

سلطة

салата

بطاطا مقلية

пържени картофи

بطاطا مقلية

печени картофи

بيتزا

пица

هامبورغر

хамбургер

ساندويش

сандвич

شريحة لحم مقلية

шницел

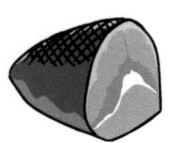

لحم خنزير

шунка

سلامي

траен колбас

سجق

салам

دجاج

пиле

لحم محمر

печено

سمك

риба

دقيق الشوفان

овесени ядки

موسلي

мюсли

كورن فلكس

корнфлейкс

طحين

брашно

كرواسان

кроасан

خبز صغير

хлебчета

خبز

хляб

خبز محمص

препечена филийка

بسكويت

бисквити

زبدة

масло

لبن زبادي

извара

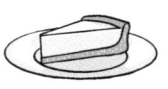

كعكة

сладкиш

بيضة

яйце

بيض مقلّي

яйца на очи

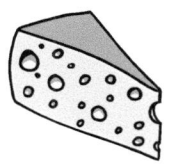

جبنة

сирене

طعام - ядене

25

مثلجات

сладолед

سكر

захар

عسل

мед

مربّى الفاكهة

мармалад

كريم النوغا

нуга крем

الكاري

къри

مزرعة

селски двор

بيت الفلاح
селска къща
رزمة من التبن
бала сено
مخزن غلال
плевня
حقل
поле
حصان
кон
مقطورة
ремарке
مهر
конче
جرار
трактор
حمار
магаре
خروف
овца
خروف
агне

ماعز

коза

بقرة

крава

عجل

теле

خنزير

свиня

خنزير صغير

прасенце

ثور

бик

إوزّة

гъска

بطة

патица

صوص

пиленце

دجاجة

кокошка

ديك

петел

جرذ

плъх

قطة

котка

فأر

мишка

ثور

вол

كلب

куче

كوخ الكلب

кучешка колиба

خرطوم الحديقة

градински маркуч

إبريق

лейка

منجل

коса

المحراث

плуг

منجل

сърп

معزقة

мотика

مذراة الزبل

вила за тор

بلطة

брадва

عربة يد

ръчна количка

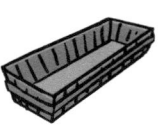

معلف

корито

صفيحة الحليب

съд за мляко

كيس

чувал

سياج

ограда

اصطبل

обор

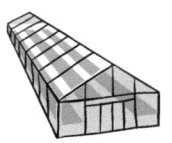

دفيئة

парник

تربة

земя

بذور

сеитба

سماد

тор

حصّادة درّاسة

комбайн

يحصد

жъна

محصول

реколта

بطاطا يامس

ямс

قمح

жито

صويا

соя

بطاطا

картоф

ذرة

царевица

سلجم

рапица

شجرة فاكهة

овощно дърво

نبات منيهوت

маниока

الحبوب

зърнени храни

بيت

къща

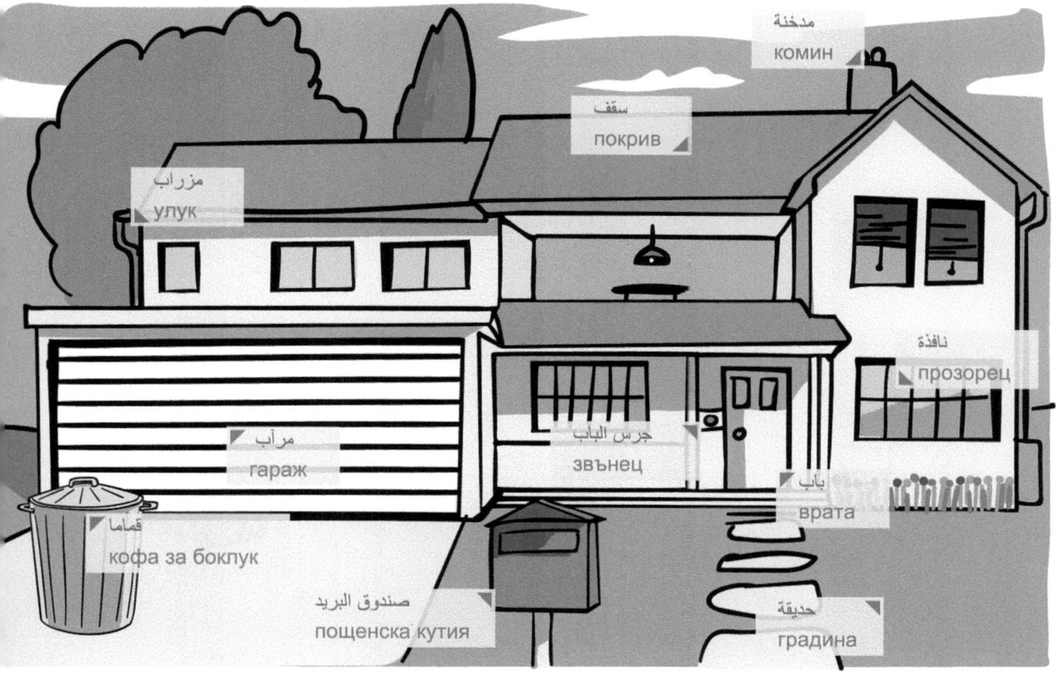

مدخنة
комин
سقف
покрив
مزراب
улук
نافذة
прозорец
مرآب
гараж
جرس الباب
звънец
باب
врата
قماما
кофа за боклук
صندوق البريد
пощенска кутия
حديقة
градина

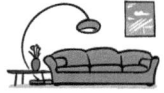

غرفة جلوس

всекидневна

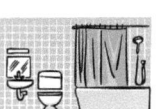

الحمّام

баня

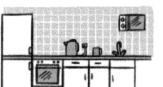

مطبخ

кухня

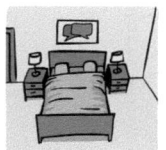

غرفة النوم

спалня

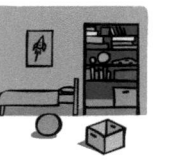

غرفة الأطفال

детска стая

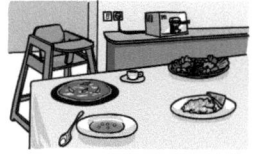

غرفة الطعام

трапезария

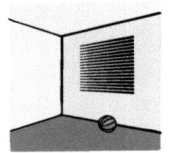

أرضية

под

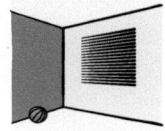

حائط

стена

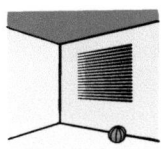

سقف

таван

قبو

изба

ساونا

сауна

بلكون

балкон

شرفة

тераса

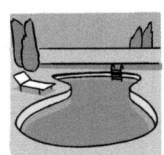

مسبح

плувен басейн

جزّازة العشب

косачка

بياضات السرير

спално бельо

بطانية

покривка за легло

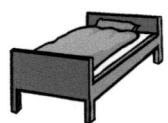

سرير

легло

مكنسة

метла

سطل

кофа

مفتاح كهربائي

електрически ключ

غرفة جلوس

всекидневна

ورق جدران
тапет
صورة
картина
مصباح كهربائي
лампа
رف
рафт
خزانة
шкаф
تلفزيون
телевизор
موقد مفتوح
камина
زهرة
цвете
وسادة
възглавница
كنبة
канапе
مزهرية
ваза
تحكم عن بعد
дистанционно управление

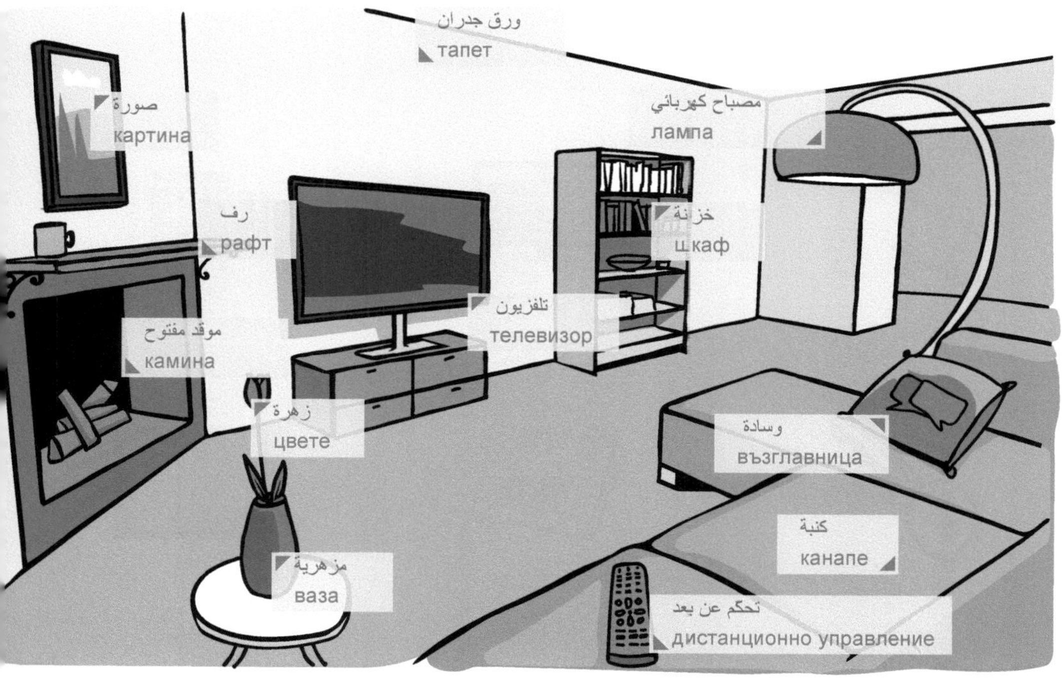

بصاط

килим

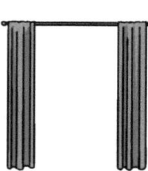

ستارة

завеса

طاولة

маса

كرسي

стол

كرسي هزّاز

люлеещ се стол

كرسي ذو ذراعين

кресло

الكتاب

книга

بطانية

одеяло

زخرفة

декорация

الحطب

дърва за отопление

فيلم

филм

تجهيزات ستيريو

стерео уредба

مفتاح

ключ

جريدة

вестник

لوحة مرسومة

живопис

مُلصق

постер

راديو

радио

دفتر ملاحظات

бележник

المكنسة الكهربائية

прахосмукачка

صبّار

кактус

شمعة

свещ

مطبخ
кухня

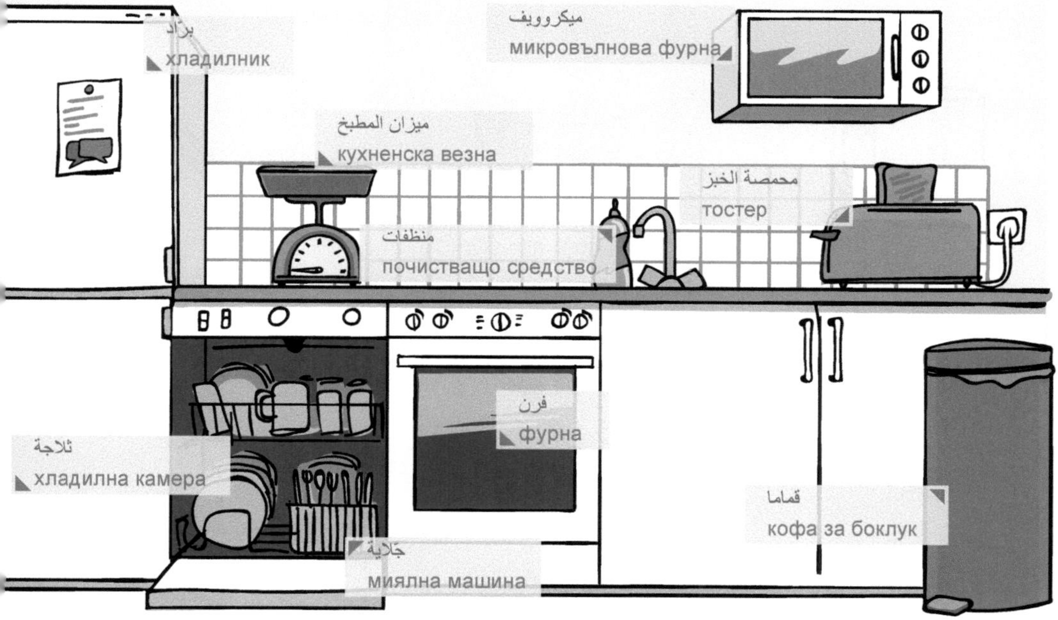

برّاد
хладилник
ميكروويف
микровълнова фурна
ميزان المطبخ
кухненска везна
محمصة الخبز
тостер
منظفات
почистващо средство
فرن
фурна
ثلاجة
хладилна камера
قماما
кофа за боклук
جَلاية
миялна машина

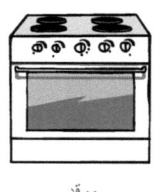

موقد
готварска печка

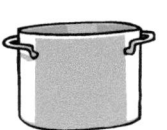

قِدر
тенджера

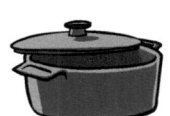

وعاء من الحديد
желязна тенджера

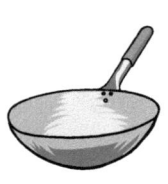

قدر صيني
уок / кадаи

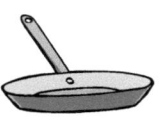

مقلاة
тиган

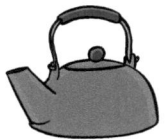

غلاية
кана за затопляне на вода

قدر البخار

уред за готвене на пара

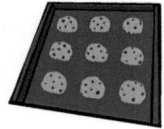

صينية

тава за печене

أواني

съдове

فنجان

чаша

صحن

купа

عيدان الأكل

клечки за хранене

مغرفة

черпак

ملعقة منبسطة

лопатка за тиган

خفاقة

тел за разбиване (на яйца, белтъци)

مصفاة

кошница за варене

مصفاة

гевгир

مبشرة

ренде

هاون

хаван

شواء

барбекю

موقد

огнище

لوح التقطيع

дъска

نشّابة

точилка

مفتاح الزجاجات

тирбушон

علبة

кутия

مفتاح العلب المعدنية

отварачка за консерви

قماش الفرن

кухненска ръкохватка

مجلى

мивка

فرشاة

четка

إسفنج

гъба

خلاط

миксер

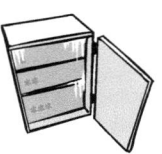

مجمّدة

фризер

زجاجة الطفل

бебешко шише

صنبور الماء

воден кран

الحمّام

баня

تدفئة
отопление
منشفة
хавлиена кърпа
حمام رغوة
шампоан за вана
حوض الحمام
вана
غسّالة
перална машина
قفازات مطاطية
гърне
بلاط
плочки
دوش
душ
ستارة الدوش
завеса за баня
كاس
стъклена чаша
صنبور الماء
воден кран
مجلى
мивка

حمام

тоалетна

مرحاض القرفصاء

клекало

حوض التشطيف

биде

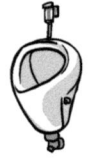

مبولة

писоар

ورق المرحاض

тоалетна хартия

فرشاة الحمام

четка за тоалетна

فرشاة الأسنان

четка за зъби

معجون الأسنان

паста за зъби

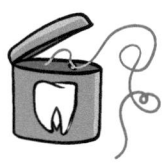

خيط حرير لتنظيف الأسنان

конец за зъби

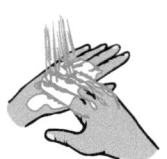

يغسل

мия

رشاش ماء يدوي

ръчен душ

شطاف

интимен душ

حوض الغسيل

леген

فرشاة الظهر

четка за гръб

صابون

сапун

جيل الدوش

душ гел

شامبو

шампоан за вана

ممسحة

гъба за баня

مصرف للماء

сифон

مرهم

крем

مزيل الروائح

дезодорант

مرآة
....
огледало

مرآة يد
....
козметично огледало

موس حلاقة
....
ръчна самобръсначка

رغوة الحلاقة
....
пяна за бръснене

كولونيا
....
одеколон за след
бръснене

مشط
....
гребен

فرشاة
....
четка

سشوار
....
сешоар

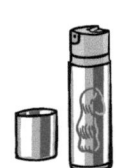

مثبت للشعر
....
спрей за коса

ماكياج
....
грим

روج
....
червило

طلاء أظافر
....
лак за нокти

قطن
....
памук

مقص أظافر
....
ножица за нокти

عطر
....
парфюм

سلة الغسيل

....

тоалетна чантичка

مقعد صغير

....

табуретка

ميزان

....

везна

معطف الحمام

....

хавлия

قفازات مطاطية

....

домакински ръкавици

سدادة قطنية

....

тампон

منشفة صحية

....

дамски превръзки

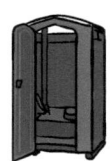

تواليت كيميائية

....

химическа тоалетна

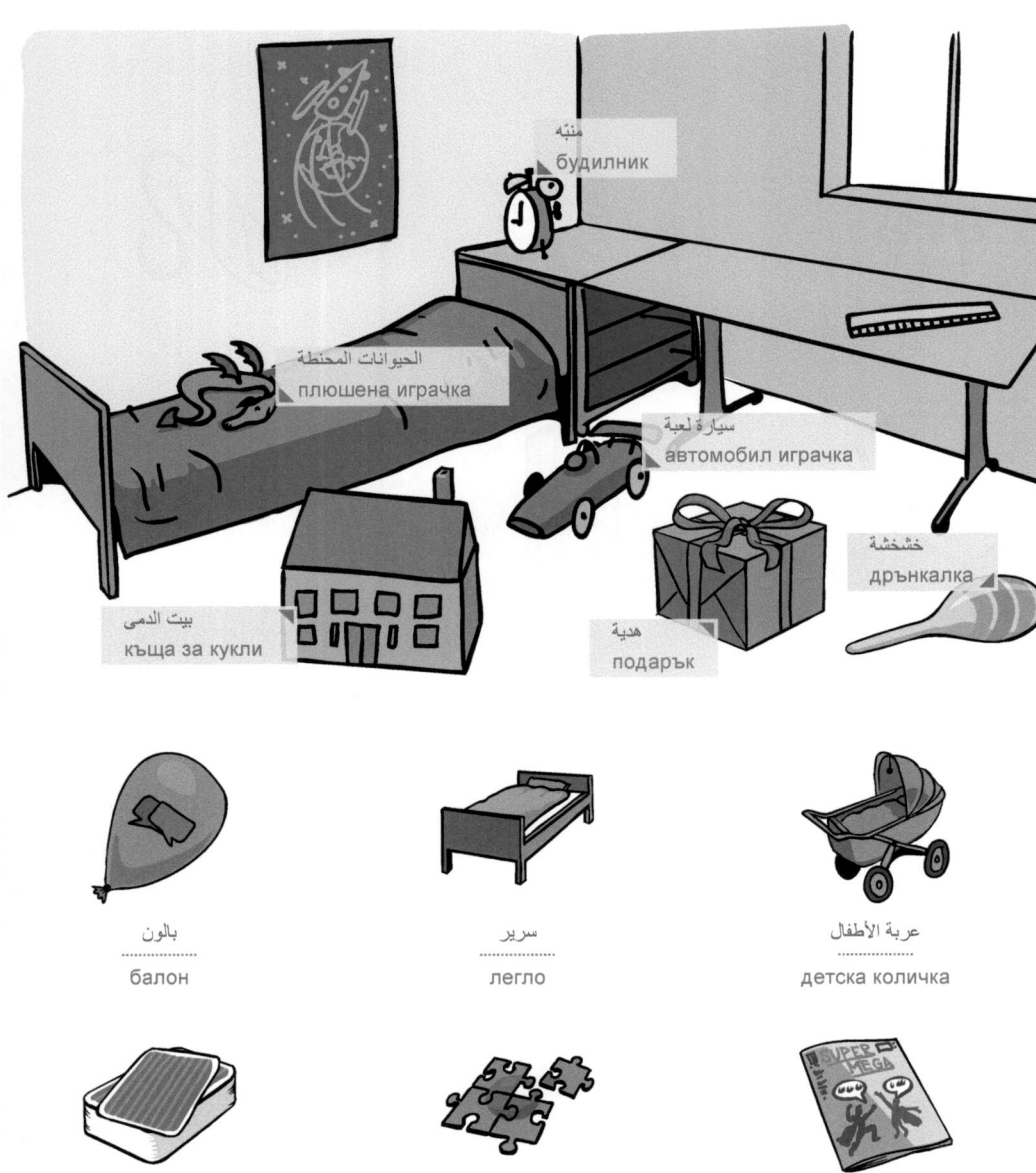

غرفة الأطفال

детска стая

منبّه
будилник
الحيوانات المحنطة
плюшена играчка
سيارة لعبة
автомобил играчка
خشخشة
дрънкалка
بيت الدمى
къща за кукли
هدية
подарък

بالون

балон

سرير

легло

عربة الأطفال

детска количка

لعبة الورق

игра на карти

أحجية

пъзел

رسوم هزلية

комикс

أحجار الليغو

лего елементи

حجارة تركيب

строителни елементи

دمية بطل

екшън фигурка

لباس الطفل

бебешки гащеризон

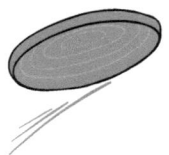

فريسبي

фрисби

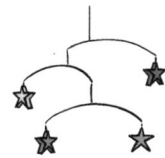

دمية معلّقة

бебешки играчки за легло

لعبة الطاولة

настолна игра

لعبة النرد

зарче

لعبة قطار

миниатюрно влакче

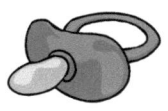

مصّاصة

биберон

حفلة

парти

كتاب مصوّر

детска книга с илюстрации

كرة

топка

دمية

кукла

يلعب

играя

ملعب رملي للأطفال

пясъчник

أرجوحة

люлка

لعبة

играчка

ألعاب فيديو

игрова конзола

دراجة ثلاثية

велосипед с три колелета

دمية على شكل الدب

плюшено мече

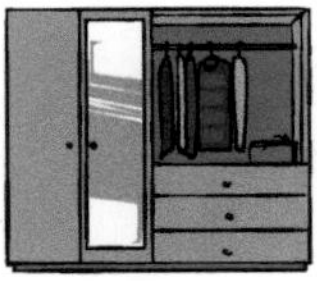

خزانة الثياب

гардероб

ثياب

облекло

جوارب قصيرة

къси чорапи

جوارب طويلة

дълги чорапи

جورب بنطلون

чорапогащник

شال
шал

شمسية
чадър

تي شيرت
T-шърт

حزام
колан

حذاء شتوي
ботуши

شبشب
пантофи

أحذية رياضية
гуменки

صندل
сандали

حذاء
обувки

جزمة كاوتشوك
гумени ботуши

سروال داخلي
слип

صدّارة
сутиен

قميص داخلي
долна блуза

لباس ملاصق للجسم

....

боди

بنطلون

....

панталон

جينز

....

дънки

تنورة

....

пола

بلوزة

....

блуза

قميص

....

риза

سترة قطنية

....

пуловер

كنزة كم طويل

....

суичър

سترة فضفاضة

....

блейзър

سترة

....

яке

معطف

....

палто

معطف مطري

....

дъждобран

زي - طقم نسائي

....

костюм

ثوب

....

рокля

ثوب الزفاف

....

булчинска рокля

طقم

костюм

قميص نوم

нощница

بيجاما

пижама

ساري

сари

حجاب

кърпа за глава

عمامة

тюрбан

برقع

бурка

قفطان

кафтан

عباءة

абая

مايوه

бански костюм

سروال سباحة

плувни шорти

شرت

къс панталон

بدلة رياضية

анцуг

مئزر

престилка

قفازات

ръкавици

زر
....
копче

نظّارة
....
очила

إسوارة
....
гривна

عقد
....
верижка

خاتم
....
пръстен

قرط
....
обеца

طاقيّة
....
каскет

علاقة ثياب
....
закачалка

قبّعة
....
шапка

ربطة العنق
....
вратовръзка

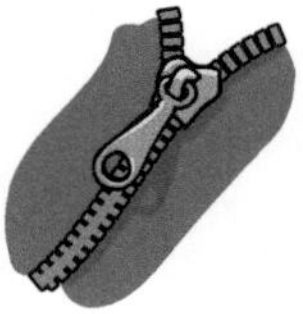

سحّاب
....
цип

خوذة
....
каска

حمّالة البنطلون
....
тиранти

اللباس المدرسي
....
ученическа униформа

زي موحّد
....
униформа

مريلة الأطفال

лигавник

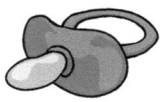

مصّاصة

биберон

لفافة

пелена

مكتب

офис

المخدّم
сървър
خزانة الملفات
шкаф за документи
طابعة
принтер
ورقة
хартия
شاشة
монитор
فارة
мишка
طاولة المكتب
бюро
ملف
папка
لوحة المفاتيح
клавиатура
кошче за хартиени отпадъци
حاسوب
компютър
كرسي
стол

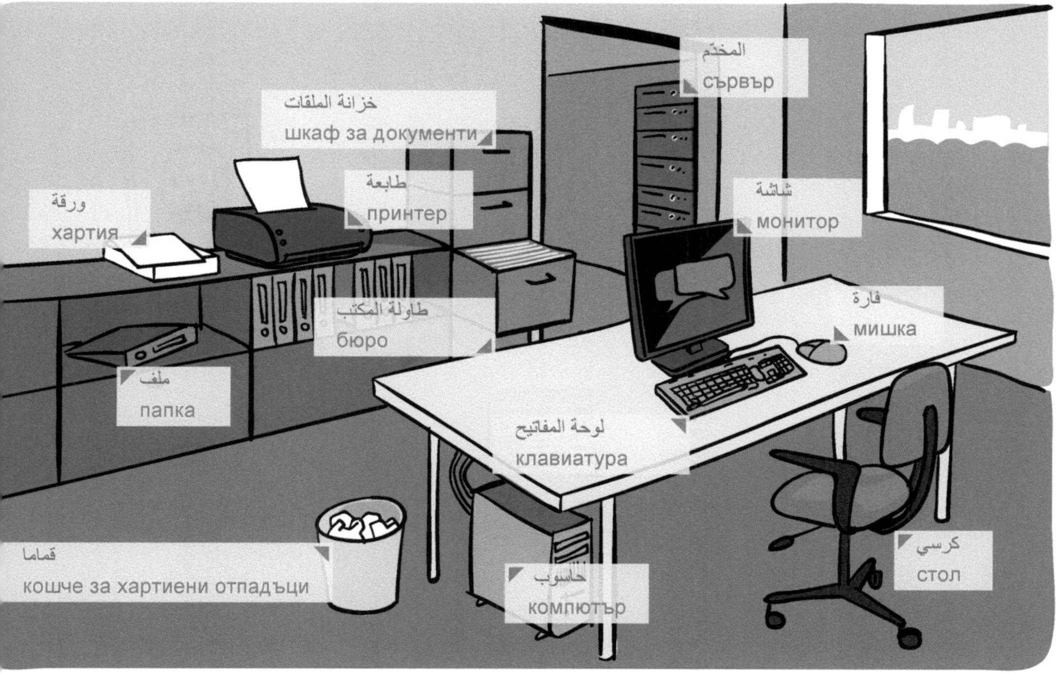

كأس من القهوة

чаша за кафе

الآلة الحاسبة

джобен калкулатор

الإنترنت

интернет

الحاسوب المحمول

лаптоп

رسالة

писмо

خبر

съобщение

الهاتف المحمول

мобилен телефон

شبكة

мрежа

جهاز تصوير

ксерокс

البرمجيات

софтуер

هاتف

телефон

مقبس كهربائي

контакт

فاكس

факс

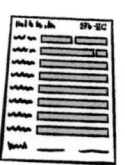

استمارة

формуляр

وثيقة

документ

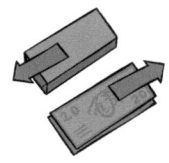

اقتصاد

икономика

يشتري

купувам

يدفع

плащам

يتاجر

търгувам

مال

пари

دولار

долар

يورو

евро

ين

йена

روبل

рубла

فرنك سويسري

швейцарски франк

يوان

ренминби юан

روبية

рупия

صرّاف آلي

банкомат

مكتب صرافة

обменно бюро

ذهب

злато

فضة

сребро

نفط

нефт

طاقة

енергия

سعر

цена

عقد

договор

ضريبة

данък

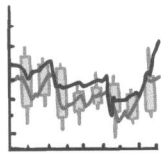

سهم

акция

يعمل

работя

موظف

служител

رب العمل

работодател

مصنع

фабрика

متجر

магазин за цветя

професии

المِهَن

الشرطي
полицай

رجل إطفاء
пожарникар

طبّاخ
готвач

الطبيب
лекар

طيّار
пилот

بستاني

градинар

نجّار

мебелист

خيّاطة

шивачка

قاض

съдия

كيميائي

химик

ممثّل

артист

سائق حافلة

шофьор на автобус

سائق تاكسي

шофьор на такси

صياد سمك

рибар

أجيرة للتنظيف

чистачка

بنّاء سقف

майстор на покриви

نادل

келнер

صيّاد

ловец

رسّام

художник

خباز

хлебар

كهربائي

електротехник

عامل بناء

строителен работник

مهندس

инженер

لحّام

касапин

سمكري

тенекеджия

ساعي البريد

пощальон

جندي

войник

مهندس معماري

архитект

أمين صندوق

касиер

بائع الزهور

цветар

حلاق

фризьор

مراقب القطار

кондуктор

ميكانيكي

механик

قبطان

капитан

طبيب أسنان

зъболекар

رجل العلم

научен работник

حاخام

равин

إمام

имàм

راهب

монах

كاهن

свещеник

عدة عمل

инструменти

مطرقة
чук
كمّاشة
клещи
مفك البراغي
отвертка
مفتاح ربط
гаечен ключ
مصباح يد
джобна лампа

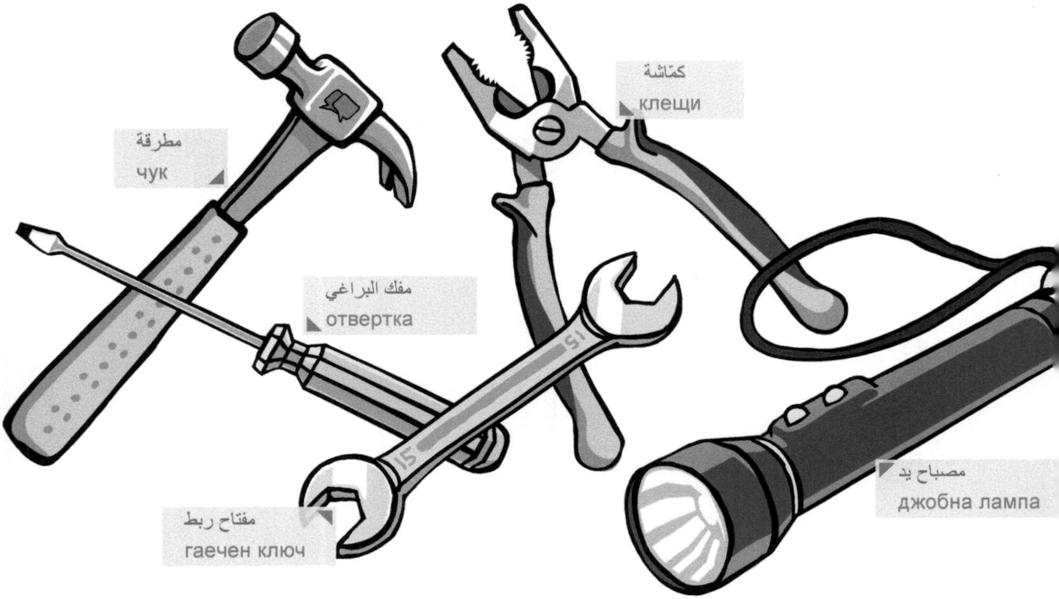

جرافة

багер

صندوق العدة

кутия за инструменти

سلّم

стълба

منشار

трион

مسامير

пирони

مثقب

бормашина

يصلح

ремонтирам

مجرفة

лопата

اللعنة

По дяволите!

لقاطة الكناسة

лопатка за смет

سطل الألوان

кутия за боя

براغي

болтове

آلات موسيقية

музикални инструменти

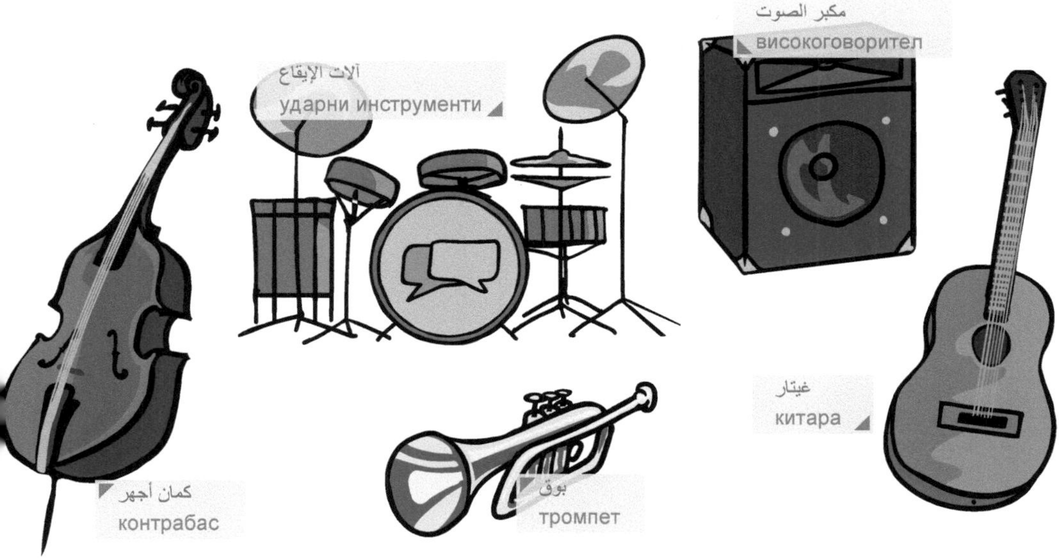

آلات الإيقاع
ударни инструменти

مكبر الصوت
високоговорител

كمان أجهر
контрабас

بوق
тромпет

غيتار
китара

بيانو

пиано

كمنجة

виолина

جهير

контрабас

طبل كبير

тимпан

طبل

барабан

بيانو كهربائي

електрическо пиано

ساكسوفون

саксофон

ناي

флейта

ميكروفون

микрофон

حديقة حيوانات

зоологическа градина

مدخل
вход
نمر
тигър
قفص
бръмбар
حمار الوحش
зебра
علف للحيوانات
храна за животни
دب باندا
панда

حيوانات
....
животни

فيل
....
слон

كنغر
....
кенгуру

وحيد القرن
....
носорог

غوريلا
....
горила

دب
....
мечка

جمل

камила

نعامة

щраус

أسد

лъв

قرد

маймуна

طائر فلامينغو

фламинго

ببغاء

папагал

دب قطبي

бяла мечка

بطريق

пингвин

سمك القرش

акула

طاووس

паун

أفعى

змия

تمساح

крокодил

حارس في حديقة الحيوان

пазач в зоологическа
градина

عجل البحر

тюлен

نمر أمريكي مرقط

ягуар

فرس قزم

пони

نمر

леопард

فرس النهر

хипопотам

زرافة

жираф

نسر

орел

خنزير برّي

диво прасе

سمك

риба

سلحفاة

костенурка

حيوان فظ البحري

морж

ثعلب

лисица

غزال

газела

كرة القدم الأمريكية
американски футбол

ركوب الدراجات
колоездене

كرة التنس
тенис

كرة السلة
баскетбол

السياحة
плуване

الملاكمة
бокс

هوكي الجليد
хокей на лед

كرة القدم
....
футбол

الريشة الطائرة
....
бадминтон

ألعاب القوى الخفيفة
....
лека атлетика

كرة اليد
....
хандбал

التزلج على الثلج
....
ски бягане

بولو
....
поло

نشاطات

дейности

يقفز
скачам
يعانق
прегръщам
يضحك
смея се
يمشي
вървя
يغنّي
пея
يحلم
сънувам
يصلي
моля се
يقبل
целувам

يكتب

пиша

يرسم

рисувам

يُري

показвам

يدفع

бутам

يعطي

давам

يأخذ

взимам

يملك

имам

يعمل

правя

يوجد

съм

يقف

стоя

يركض

тичам

يسحب

дърпам

يرمي

хвърлям

يقع

падам

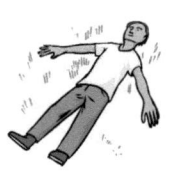

يستلقي

лежа

ينتظر

чакам

يحمل

нося

يجلس

седя

يلبس

обличам

ينام

спя

يستيقظ

събуждам се

ينظر إلى ..

разглеждам

يبكي

плача

يمسّد

милвам

يمشّط

реша се

يتكلم

говоря

يفهم

разбирам

يسأل

питам

يسمع

слушам

يشرب

пия

يأكل

ям

يرتب

разтребвам

يحب

обичам

يطبخ

готвя

يقود

карам автомобил

يطير

летя

يبحر بزورق شراعي

плавам (с платна)

يحسب

смятане

يقرأ

чета

يتعلم

уча

يعمل

работя

يتزوج

женя се

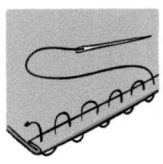

يخيط

шия

ينظف أسنانه

измивам си зъбите

يقتل

убивам

يدخن

пуша

يرسل

изпращам

عائلة

семейство

جدّة
баба
جدّ
дядо
أب
баща
أم
майка
الطفل
бебе
ابنة
дъщеря
ابن
син

ضيف

посетител

عمّة / خالة

леля

عمّ / خال

чичо

أخ

брат

أخت

сестра

الجسم

тяло

الجبين
чело
العين
око
الكتف
рамо
الإصبع
пръст
الوجه
лице
الذقن
брадичка
اليد
ръка
الساق
крак
الصدر
гърди
الذراع
ръка

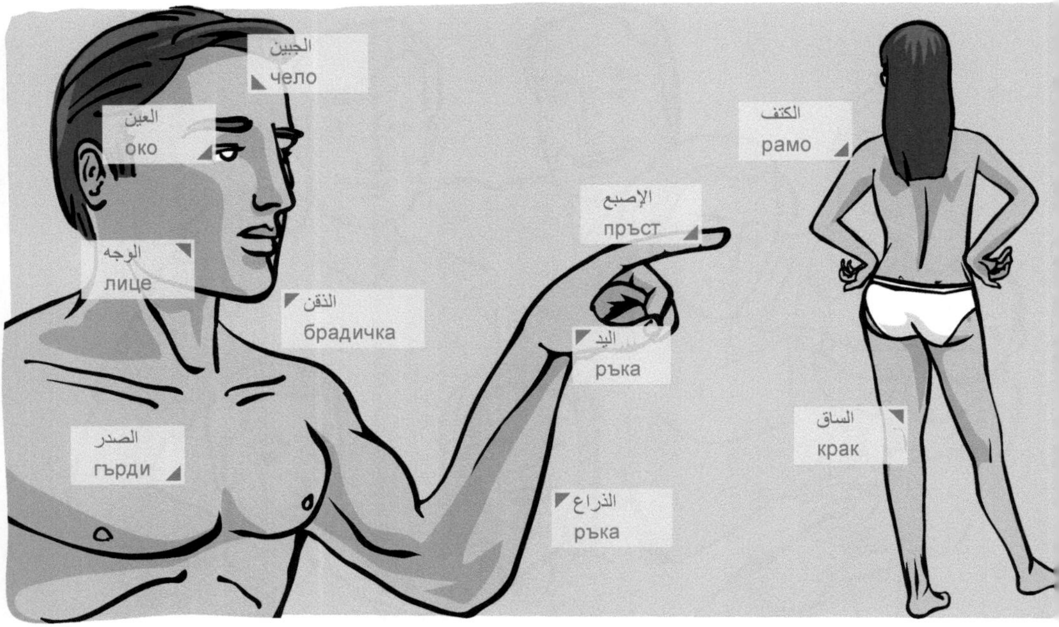

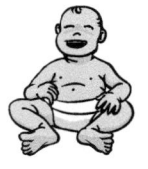

الطفل

бебе

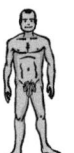

الرجل

мъж

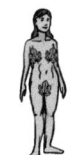

المرأة

жена

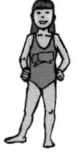

البنت

момиче

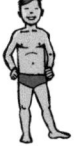

الولد

момче

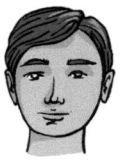

الرأس

глава

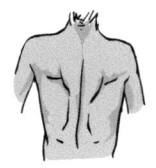

الظهر

....

гръб

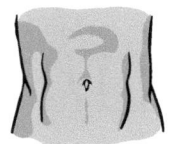

البطن

....

корем

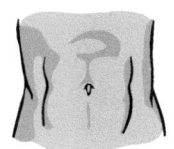

السرّة

....

пъп

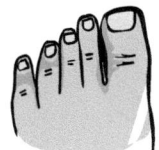

إصبع القدم

....

пръст на крака

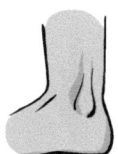

الكعب

....

пета

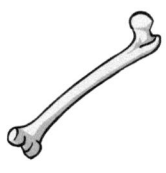

العظم

....

кост

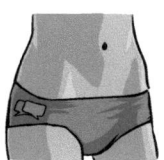

الورك

....

хълбок

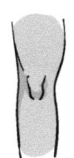

الركبة

....

коляно

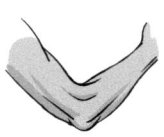

المِرفق

....

лакът

الأنف

....

нос

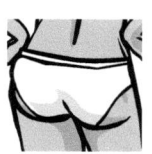

العَجُز

....

седалище

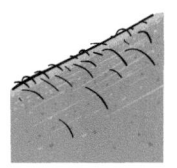

البشرة

....

кожа

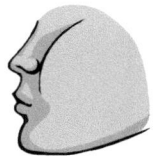

الخد

....

буза

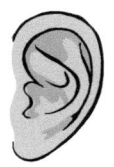

الأذن

....

ухо

الشفة

....

устна

الفم

уста

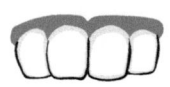

السن

зъб

اللسان

език

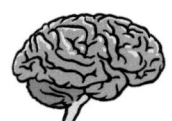

الدماغ

мозък

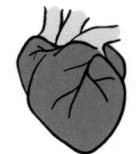

القلب

сърце

العضلة

мускул

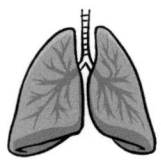

الرئة

бял дроб

الكبد

черен дроб

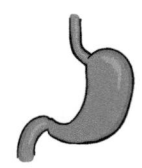

المعدة

стомах

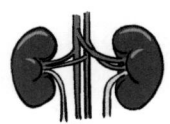

الكلى

бъбреци

الاتصال الجنسي

полово сношение

الواقي المطاطي

кондом

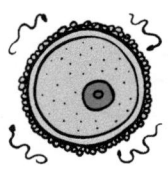

البويضة

яйцеклетка

المنيّ

сперма

الحمل

бременност

الجسم - тяло

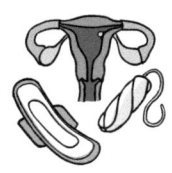

الحيض

менструация

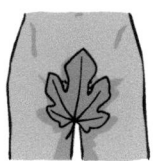

المهبل

вагина

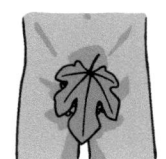

القضيب

пенис

الحاجب

вежда

الشعر

коса

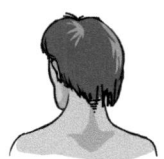

الرقبة

шия

المستشفى
болница

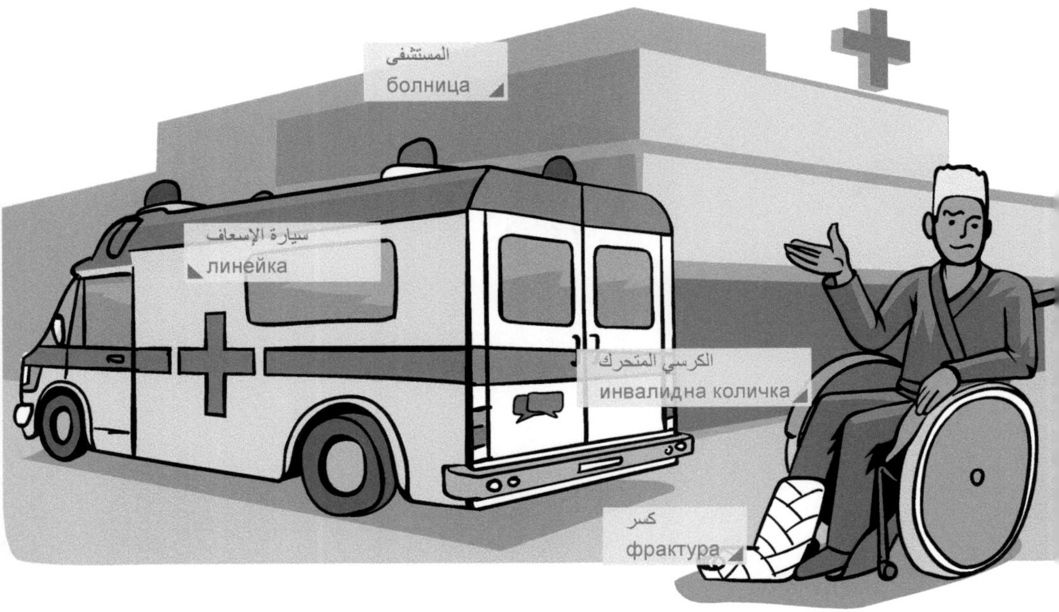

المستشفى
болница
سيارة الإسعاف
линейка
الكرسي المتحرك
инвалидна количка
كسر
фрактура

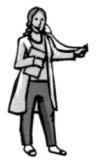

الطبيب

лекар

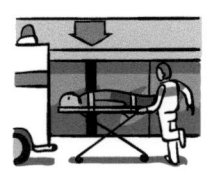

غرفة الإسعاف

спешна хоспитализация

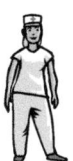

الممرضة

медицинска сестра

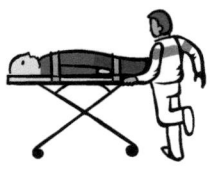

حالة

спешен случай

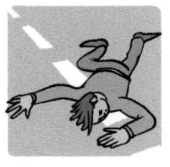

مغمى عليه

в безсъзнание

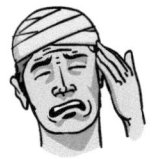

الألم

болка

إصابة

нараняване

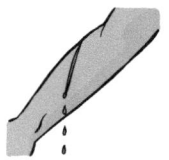

النزيف

кървене

احتشاء القلب

инфаркт

جلطة

инсулт

حسسية

алергия

السعال

кашлица

الحُمَّى

температура

إنفلونزا

грип

الإسهال

диария

وجع الرأس

главоболие

السرطان

рак

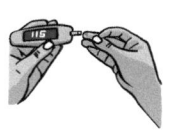

مرض السكر

диабет

جرّاح

хирург

مبضع

скалпел

عملية

операция

سيتي سكان

компютърна томография

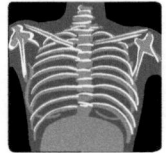

الأشعة السينية

рентген

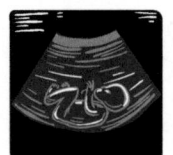

فوق الصوتي

ултразвук

القناع

маска

المرض

болест

غرفة الانتظار

чакалня

العُكاز

патерица

شريط لاصق

пластир

ضماد

превръзка

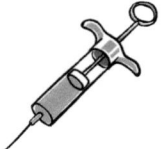

حقنة

инжекция

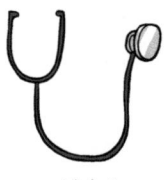

سمّاعة الطبيب

стетоскоп

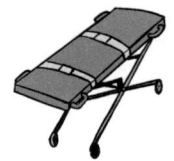

نقالة

носилка

ميزان حرارة

термометър

ولادة

раждане

وزن زائد

наднормено тегло

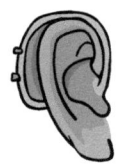

جهاز السمع

слухов апарат

المواد المعقمة

дезинфекционно средство

عدوى

инфекция

فيروس

вирус

الإيدز

HIV / AIDS

الطب

медицина

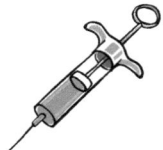

اللقاح

ваксинация

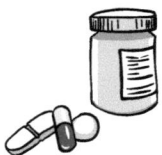

أقراص الدواء

таблети

حبّة الدواء

противозачатъчна
таблетка

نداء النجدة

спешно телефонно
обаждане

مقياس ضغط الدم

апарат за измерване на
кръвното налягане

مريض / صحيح

болен / здрав

النجدة!

Помощ!

إنذار

сигнал за тревога

اعتداء

нападение

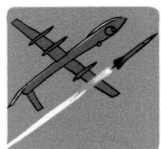

هجوم

атака

خطر

опасност

مخرج طوارئ

авариен изход

حريق!

Пожар!

جهاز الإطفاء

пожарогасител

حادث

злополука

حقيبة الإسعاف الأولي

комплект за оказване на първа помощ

أنقذونا

SOS

الشرطة

полиция

أرض
Земя

أوروبا
....
Европа

أمريكا الشمالية
....
Северна Америка

أمريكا الجنوبية
....
Южна Америка

أفريقيا
....
Африка

آسيا
....
Азия

أستراليا
....
Австралия

المحيط الأطلسي
....
Атлантически океан

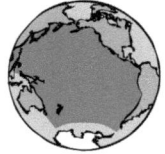

المحيط الهادي
....
Тихи океан

المحيط الهندي
....
Индийски океан

المحيط المتجمد الجنوبي
....
Южен ледовит океан

المحيط المتجمد الشمالي
....
Северен ледовит океан

القطب الشمالي
....
Северен полюс

القطب الجنوبي

Южен полюс

منطقة القطب الجنوبي

Антарктида

أرض

Земя

بر

суша

بحر

море

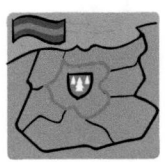

جزيرة

остров

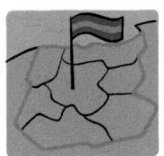

أمة

нация

دولة

държава

أرض - Земя

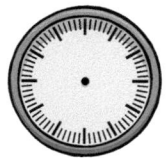

ساعة

часовник

ميناء الساعة

циферблат

عقرب الساعات

стрелка на часовете

عقرب الدقائق

стрелка на минутите

عقرب الثواني

стрелка на секундите

كم الساعة الآن؟

Колко е часът?

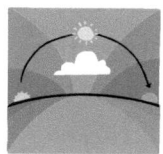

يوم

ден

زمن

време

الآن

сега

ساعة رقمية

дигитален часовник

دقيقة

минута

ساعة

час

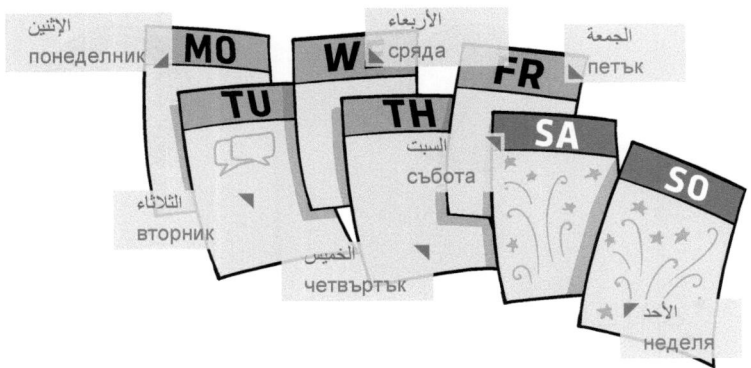

седмица

الإثنين
понеделник
MO
الأربعاء
сряда
W
الجمعة
петък
FR
TU
TH
السبت
събота
SA
الثلاثاء
вторник
الخميس
четвъртък
الأحد
неделя

21

الأمس

вчера

2

اليوم

днес

3

غداً

утре

الصباح

сутрин

الظهر

обед

المساء

вечер

MO TU WE TH FR SA SU
1 2 3 4 5 6 7
8 9 10 11 12 13 14
15 16 17 18 19 20 21
22 23 24 25 26 27 28
29 30 31 1 2 3 4

أيام العمل

работни дни

MO TU WE TH FR SA SU
1 2 3 4 5 6 7
8 9 10 11 12 13 14
15 16 17 18 19 20 21
22 23 24 25 26 27 28
29 30 31 1 2 3 4

نهاية الأسبوع

уикенд

سنة

година

مطر
дъжд
قوس قزح
дъга
ريح
вятър
ثلج
сняг
الربيع
пролет
الصيف
лято
الخريف
есен
الشتاء
зима

4.APRIL 11°
5.APRIL 4°
6.APRIL 13°
7.APRIL 8°
8.APRIL 10°

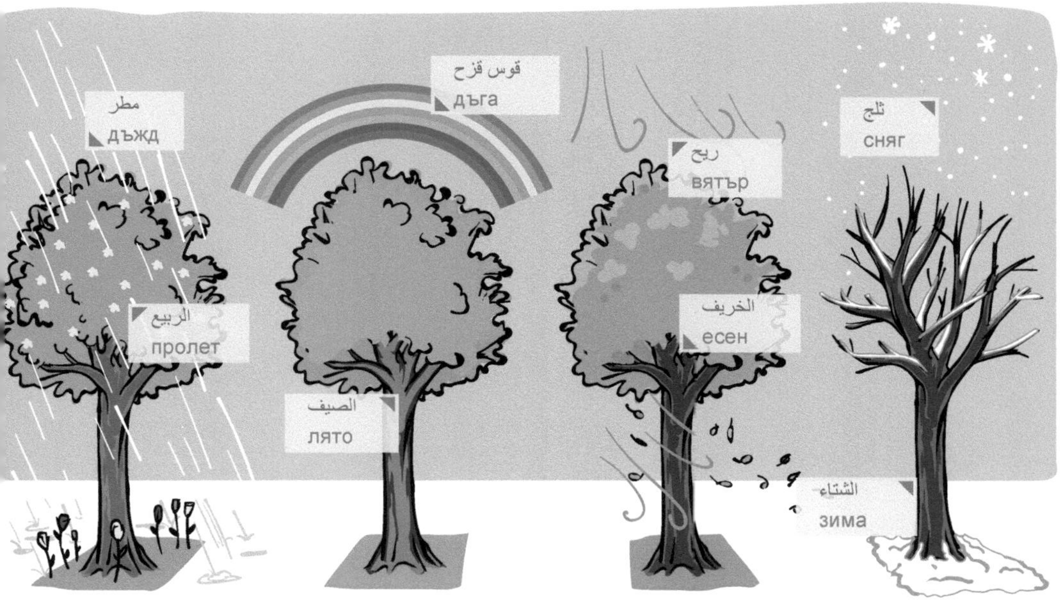

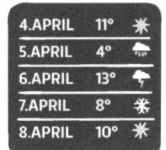

التنبّؤ بالحالة الجوية

прогноза за времето

F C
120 40
90 30
60 20
30 10
0 0
-30 -10
-20

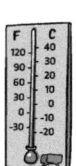

مقياس حرارة

термометър

ضوء الشمس

слънчева светлина

سحابة

облак

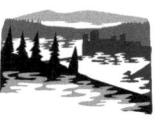

ضباب

мъгла

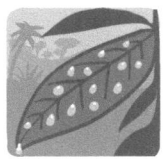

رطوبة الجو

влажност на въздуха

برق

светкавица

رعد

гръмотевица

عاصفة

буря

بَرَد

градушка

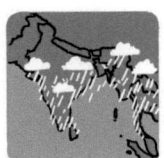

رياح موسمية

мусон

طوفان

наводнение

جليد

лед

كانون الثاني / يناير

януари

شباط / فبراير

февруари

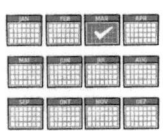

آذار / مارس

март

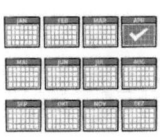

نيسان / أبريل

април

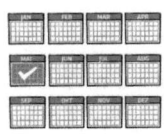

أيار / مايو

май

حزيران / يونيو

юни

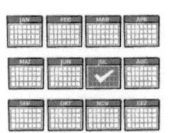

تموز / يوليو

юли

آب / أغسطس

август

سنة - година

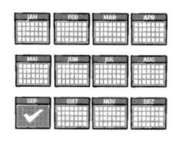

أيلول / سبتمبر

....

септември

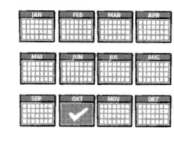

تشرين الأول / أكتوبر

....

октомври

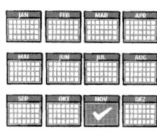

تشرين الثاني / نوفمبر

....

ноември

كانون الأول / ديسمبر

....

декември

أشكال

форми

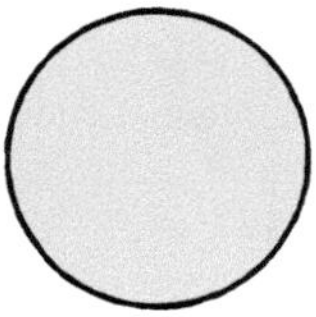

دائرة

....

кръг

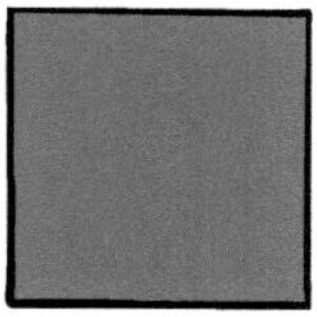

مربّع

....

квадрат

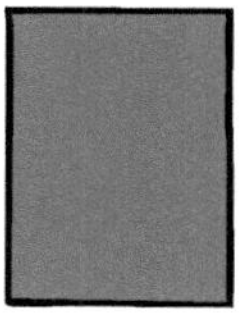

مستطيل

....

четириъгълник

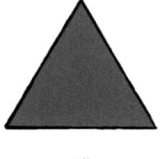

مثلّث

....

триъгълник

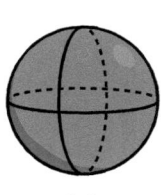

كرة

....

сфера

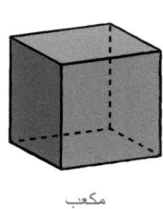

مكعب

....

куб

ألوان

цветове

أبيض

бял

أصفر

жълт

برتقالي

оранжев

وردي

розов

أحمر

червен

بنفسجي

лилав

أزرق

син

أخضر

зелен

بنّي

кафяв

رمادي

сив

أسود

черен

الأضداد

противоположности

كثير / قليل

много / малко

غضبان / هادئ

ядосан / спокоен

جميل / قبيح

красив / грозен

بداية / نهاية

начало / край

كبير / صغير

голям / малък

فاتح / قاتم

светъл / тъмен

أخ / أخت

брат / сестра

نظيف / وسخ

чист / мръсен

كامل / ناقص

пълен / непълен

نهار / ليل

ден / нощ

ميت / حيّ

мъртъв / жив

عريض / ضيّق

широк / тесен

صالح للأكل / غير صالح

ядлив / неядлив

شرّير / لطيف

сърдит / любезен

مثير / ممل

развълнуван / скучаещ

سمين / نحيف

дебел / тънък

أولاً / أخيراً

най-напред / най-накрая

صديق / عدو

приятел / враг

مليء / فارغ

пълен / празен

صلب / ليّن

твърд / мек

ثقيل / خفيف

тежък / лек

جوع / عطش

глад / жажда

مريض / صحيح

болен / здрав

غير شرعي / شرعي

нелегален / легален

ذكي / غبي

интелигентен / глупав

يسار / يمين

ляво / дясно

قريب / بعيد

близо / далече

جديد / مستعمل

....

нов / употребяван

لا شيء / بعض الشيء

....

нищо / нещо

مسن / شاب

....

стар / млад

يشعل / يطفئ

....

вкл. / изкл.

مفتوح / مغلق

....

отворен / затворен

خافت / عالٍ

....

тих / силен (звук)

غني / فقير

....

богат / беден

صح / خطأ

....

правилен / погрешен

أحرش / املس

....

грапав / гладък

حزين / سعيد

....

тъжен / щастлив

قصير / طويل

....

дълъг / къс

بطيء / سريع

....

бавен / бърз

مبلول / جاف

....

мокър / сух

ساخن / بارد

....

топъл / студен

حرب / سلم

....

война / мир

0

صفر
....
нула

1

واحد
....
едно

2

اثنان
....
две

3

ثلاثة
....
три

4

أربعة
....
четири

5

خمسة
....
пет

6

ستة
....
шест

7

سبعة
....
седем

8

ثمانية
....
осем

9

تسعة
....
девет

10

عشرة
....
десет

11

أحد عشر
....
единадесет

12
اثنا عشر
....
дванадесет

13
ثلاثة عشر
....
тринадесет

14
أربعة عشر
....
четиринадесет

15
خمسة عشر
....
петнадесет

16
ستة عشر
....
шестнадесет

17
سبعة عشر
....
седемнадесет

18
ثمانية عشر
....
осемнадесет

19
تسعة عشر
....
деветнадесет

20
عشرون
....
двадесет

100
مائة
....
сто

1.000
ألف
....
хиляда

1.000.000
مليون
....
милион

اللغات

езици

الإنكليزية

английски

الإنكليزية الأمريكية

американски английски

لغة ماندارين الصينية

китайски мандарин

الهندية

хинди

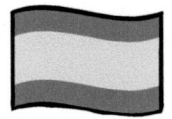

الإسبانية

испански

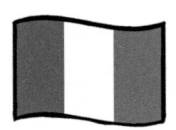

الفرنسية

френски

العربية

арабски

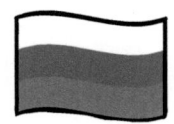

الروسية

руски

البرتغالية

португалски

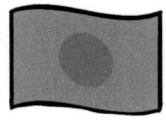

البنغالية

бенгалски

الألمانية

немски

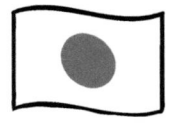

اليابانية

японски

من / ماذا / كيف
кой / какво / как

أنا

аз

أنت

ти

هو / هي

той / тя / то

نحن

ние

أنتم

вие

هم

те

من؟

кой?

ماذا؟

какво?

كيف؟

как?

أين؟

къде?

متى؟

кога?

اسم

име

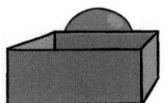

أين

къде

خلف

зад

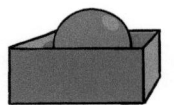

في

в

أمام

пред

فوق

над

على

върху

تحت

под

جنب

до

بين

между

مكان

място